ASSEMBLÉE GÉNÉRALE

DES

CATHOLIQUES DE FRANCE

(28, 29, 30 avril et 2 mai 1891)

———◆———

Discours de M. CHESNELONG

Président

———◆———

PARIS

IMPRIMERIE F. LEVÉ

17, RUE CASSETTE, 17

—

1891

ASSEMBLÉE GÉNÉRALE

DES

CATHOLIQUES DE FRANCE

28, 29, 30 avril et 2 mai 1891

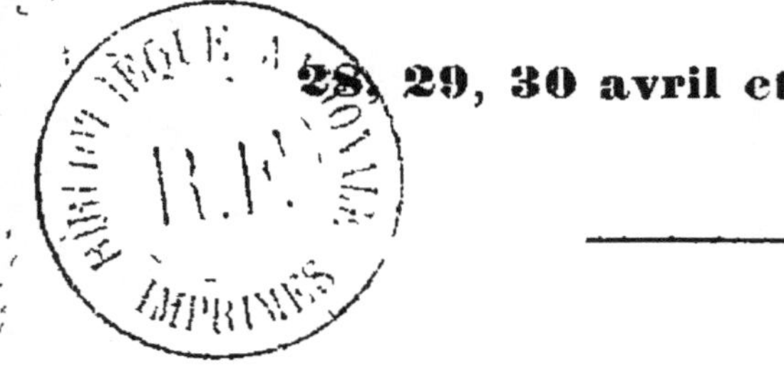

Discours de M. Chesnelong,
Président

ÉMINENCE,

C'est dans votre haut et bienveillant patronage que l'œuvre des Comités catholiques et de ses congrès puise sa principale force et son précieux encouragement; soyez-en remercié. Si nous nous sentons impuissants à acquitter notre dette envers vous, nous prions Dieu de combler votre saint épiscopat de bénédictions qui égalent notre reconnaissance.

Naguère vous nous avez tracé nos devoirs de catholiques dans une lettre magistrale où on ne sait ce qu'il faut admirer le plus de la sûreté de la doctrine, de la sagesse impartiale des conseils, du courage de la revendication, de la noble fermeté de l'accent ou de sa persuasive mansuétude. (Applaudissements.)

Vous avez tenu à dégager l'Église de toute solidarité avec les partis politiques en rappelant que, selon la parole de notre grand pape Léon XIII, « elle ne condamne aucune « des formes de gouvernement pourvu que « la religion et la morale soient respectées ». Vous n'avez pas toutefois prescrit aux catholiques d'abdiquer en politique les sentiments qui peuvent leur être chers; vous n'avez pas voulu en particulier — et pour ma part, je vous en exprime ma reconnaissance, — interdire à ceux d'entre eux qui restent attachés à un principe dont la grandeur traditionnelle s'est, pendant plusieurs siècles, confondue avec la grandeur même de la France, la loyale fidélité de leurs convictions et de leurs espérances. (Vifs applaudissements.) Il me semble, Éminence, que vous avez eu le généreux souci d'affranchir la sincérité et la dignité de tous lorsque vous avez dit que « dans la sphère politique, il « peut y avoir matière à de légitimes dissen- « timents entre les hommes qui cherchent hon- « nêtement le bien public. » (Nouveaux applaudissements.)

Mais devant la foi en péril, vous avez rappelé aux catholiques de toutes les opinions, qu'ils ont tous le devoir de s'élever au-dessus des libres dissentiments qui, au point de vue politique, peuvent les séparer, pour défendre, d'un commun accord, cette foi qui est le premier bien de la religion et de la patrie. (Très bien! Très bien! Applaudissements.)

Vous avez poussé un cri d'alarme et un cri d'union, et l'épiscopat presque tout entier y a fait écho. Ce cri a été entendu de tous les catholiques dont il ranimera l'ardeur et cimentera la cohésion. Ici, Eminence, je suis sûr d'être l'interprète de toute cette assemblée en vous donnant l'assurance que nous n'avons tous qu'un cœur et qu'une âme pour répondre à votre grand appel. (Applaudissements.)

Vous êtes, pour nous, un père par la bonté, un chef par l'autorité. Dans nos luttes pour la défense de cette cause religieuse qui, si elle n'est étrangère à rien, doit être tenue au-dessus de tout, vous avez mission de nous conduire. Cette direction nous est douce autant qu'elle nous est chère. Nous aurons toujours à cœur, nous tiendrons toujours à honneur de compter parmi les plus respectueux de vos enfants et les plus dévoués de vos soldats. (Vifs applaudissements).

MESDAMES, MESSIEURS,

Voici le vingtième congrès catholique que nous tenons à Paris. Chaque année, depuis

1872, nous nous sommes rencontrés, dans ces assises du dévouement chrétien, affirmant l'intégrité de notre foi, luttant d'abord pour l'élargissement de nos libertés religieuses, protestant ensuite contre leur mutilation, opposant au déchaînement des doctrines subversives et des entreprises sectaires qui, de Dieu à l'enfant, se sont attaquées aux majestés les plus hautes et aux faiblesses les plus sacrées, l'énergie de nos revendications et le développement de nos œuvres, servant ainsi la cause de la sainte Eglise, la servant pour elle-même, sans l'identifier et encore moins la subordonner à une cause politique quelle qu'elle soit.

Sur d'autres champs de bataille, plusieurs d'entre nous ont rencontré la politique proprement dite et ont eu le devoir de se mêler à ses luttes selon leur conscience et en s'inspirant de ce qui était à leurs yeux le bien du pays. J'ose dire toutefois qu'ils ont toujours mis la cause religieuse à son vrai rang, au premier ; et quand ils ont eu le grand honneur de la défendre, ils l'ont laissée à sa place, au-dessus de toutes les contingences de la politique et des divisions qu'elles peuvent susciter.

Dans nos congrès, depuis vingt ans, nous avons laissé à l'écart la politique proprement dite : nous nous sommes constamment et systématiquement abstenus de toucher aux questions qui lui sont spéciales.

Seulement, lorsque la politique a pénétré dans le domaine de ces principes et de ces libertés qui sont le patrimoine sacré de la France chrétienne, domaine qu'elle aurait l'obligation de garantir et qu'elle n'a pas le droit de saccager, lorsque, à notre très grande douleur, elle a mis en échec et en péril la foi du pays et ses imprescriptibles droits, alors oui, nous avons bien dû dénoncer ses usurpations, repousser ses empiétements, travailler à réparer ses destructions ; nous avons bien dû élever contre elle la protestation de nos consciences indignées et faire appel à l'union des catholiques dans la fermeté de la résistance et dans la générosité du sacrifice. (Applaudissements.)

C'est cette union que Son Eminence nous demande aujourd'hui de resserrer et d'étendre. Avant d'aborder le sujet spécial de mon discours, j'entre avec respect dans les pensées de notre vénéré cardinal et je crois répondre à vos propres sentiments en disant quelques mots sur les revendications que l'union des catholiques sera appelée à poursuivre et sur la triple action qu'elle devra exercer. (Applaudissements.)

I

Quant aux revendications, il suffit de les énoncer pour montrer qu'elles sont commandées par le devoir et sacrées comme la justice.

Ce sont toutes les libertés religieuses et sociales nécessaires à la France chrétienne pour vivre de sa vie et marcher dans le sens de sa vocation et de ses destinées; — c'est la liberté de l'Eglise, de sa foi, de son culte et de sa sainte hiérarchie; — c'est la liberté de l'enseignement, et, par conséquent, celle de cet enseignement chrétien qui seul peut, en élevant et en préservant l'âme des jeunes générations, préparer pour le pays lui-même un avenir où s'uniront dans la paix, dans l'honneur, dans la justice, ces deux grandeurs qui, dans son histoire, ne furent jamais séparées : la Religion et la Patrie; (Applaudissements répétés.) — c'est la liberté de la charité, et par conséquent de cette charité chrétienne dont tant d'admirables créations attestent la merveilleuse fécondité ; — c'est la liberté d'associations, y compris celle des associations chrétiennes et des congrégations religieuses; j'en parlerai tout à l'heure et je me borne ici à la nommer; — c'est aussi la liberté de l'âme du soldat réclamant une loi qui rende à l'armée l'institution de l'aumônerie militaire, la liberté de l'âme de l'ouvrier, de ses devoirs religieux, de ses tendresses de famille, je dirai même de la faculté de son travail réclamant des dispositions, légales qui lui assurent le repos du dimanche, la liberté de l'âme du pauvre malade par le rappel dans les hôpitaux des aumôniers et des Sœurs qui, à Paris et dans d'autres villes, en ont été brutalement et odieusement expulsés ; — c'est tout cela, et par conséquent c'est le retrait ou tout au moins la modification profonde des lois scolaires, militaires et fiscales qui, depuis douze ans, sont venues, coup sur coup, dévaster, mutiler ou affaiblir tout cet ensemble de libertés chrétiennes. (Très bien ! très bien ! Vifs applaudissements.)

Est-ce que ces libertés sont des privilèges ? Est-ce qu'elles ne devraient pas être, dans toute société bien organisée, des libertés de droit commun ? Est-ce qu'on peut les confisquer sans usurpation ? Est-ce qu'on peut les opprimer sans tyrannie ? Elles sont tellement liées à la notion du droit, dans son acception la plus généreuse et la plus élevée, qu'elles restent toujours à l'état de revendications inexorables, lors même qu'elles sont captives d'une fausse légalité qui n'est qu'une hypocrisie de la force. (Applaudissements.)

Grâce à Dieu, sur ces revendications, l'accord est fait entre les catholiques et il s'est manifesté dans les luttes qu'ils ont soutenues pendant ces dernières années. Tous ici, vous et moi, nous les signerions du sang de nos veines plutôt que de les abandonner. (Salve d'applaudissements.)

Ce qui a pu manquer quelquefois peut-être et ce qu'une union plus étroite devrait nous donner, c'est l'unité, l'énergie et l'universalité dans l'action. Ah ! Messieurs, le jour où

les catholiques comprendront que leur sort
est entre leurs mains, que pour pouvoir, il
leur suffit de vouloir énergiquement et de
s'unir fortement, qu'ils ne doivent pas être
un parti, mais qu'ils doivent être plus qu'un
parti, qu'ils doivent être la France chrétienne demandant le respect de ses droits
avec cet accent qui révèle les indomptables
résolutions, ce jour-là l'échafaudage des op-
pressions sectaires ne tiendrait pas devant
cette explosion de la foi nationale. La France
chrétienne s'affranchirait par cela seul qu'elle
se serait comptée et retrouvée tout entière.
(Nouveaux applaudissements.)

Mais elle ne s'affranchira qu'à ce prix. Il
faut donc une action résolue et fortement
concertée, et il doit y avoir, ce me semble,
trois modes de manifestations de cette action.

La propagande au profit de la vérité religieuse et de ses droits doit être le premier
mode d'action ; j'entends une propagande
pacifique et légale, comme il convient à des
chrétiens, mais ardente et persévérante. Il
y a trop, Messieurs, de ces catholiques in-
conséquents qui s'inspirent du devoir chrétien
dans leur vie domestique, mais qui s'en dé-
sintéressent dans leur vie publique. Il y a
trop de ces catholiques timides et découra-
gés qui gémissent sur les malheurs du temps,
mais qui se bornent à cela, prenant un repos
égoïste pour la paix et leur faiblesse pour

une modération prudente. Il faut les entraî-
ner dans le mouvement; il faut créer une
conscience publique qui fasse de l'accomplis-
sement du devoir social chrétiennement
compris une question de foi et d'honneur,
Aussi bien, — M. l'abbé Fonssagrives nous le
disait ce matin, avec une touchante éloquence.
dans la belle allocution qu'il a bien voulu
nous adresser, — lorsqu'il s'agit de soutenir
la religion menacée, « tout chrétien doit
être un soldat »; or, pour un soldat, si li-
vrer la place est une trahison, ne pas la défendre n'est-ce pas aussi et très gravement
manquer à l'honneur ?

Donc, tous à l'œuvre! Parlons, si nous savons parler; écrivons si nous savons écrire !
Si nous avons des lumières, répandons-les !
Si notre situation nous donne de l'influence,
servons-nous-en pour la vérité et le bien !
Que tous réclament, comme catholiques pour
la liberté de leur foi, comme Français pour
la dignité morale de la patrie, comme pères
de famille pour l'âme de leurs enfants! Que
tous s'unissent [pour opposer, chaque jour,
sur toute la ligne, aux emportements sectaires des faiseurs de ruines, la généreuse ac-
tivité d'une propagande chrétienne, et raf-
fermir ainsi dans notre société française, sur
leurs bases ébranlées, les trois grandes co-
lonnes de toute société qui veut rester chrétienne : la religion, la justice et la liberté !
(Applaudissements répétés.)

A côté de l'action qui proteste, il y a l'action qui répare, c'est le second mode d'action. Les œuvres chrétiennes en ont l'office, et la générosité des sacrifices volontaires en est l'arme.

Messieurs, il ne faut pas être injuste envers notre temps; le mal s'y agite, mais le bien s'y répand. Jamais, je puis le dire, le nombre des hommes qui participent aux œuvres chrétiennes ne fut aussi considérable en France. Sans doute, s'il ne s'agit que de ceux qui y entrent de leur action de chaque jour, ils ne forment que quelques bataillons; mais si nous comptons tous ceux qui y adhèrent par un sacrifice, grand ou petit, ils sont des légions. Et savez-vous pourquoi nous devons, malgré tout, avoir confiance dans l'avenir de notre France? c'est que ce noble pays fait pour la cause religieuse des sacrifices qu'aucune autre n'obtiendrait de lui; pas même celles qui semblent portées par le vent du jour et qui, en tout cas, disposent des séductions du pouvoir.

Or, Messieurs, là où est le sacrifice, là est le cœur, là est la vie, là est aussi l'avenir. Dieu n'abandonnera pas une nation marquée au signe du sacrifice pour sa foi. (Très bien! Très bien!)

Et pourtant, Messieurs, il faut bien reconnaître qu'il y a encore beaucoup à faire. Le budget, que j'appellerai volontiers le budget du sacrifice volontaire pour le rachat des libertés chrétiennes, ce budget si grand, si glorieux, s'est sans doute constitué ; il s'est beaucoup étendu, mais enfin, il ne s'est pas universalisé.

Ah ! Messieurs, si tous les catholiques, mais tous, entendez-le bien, considéraient comme un devoir d'être les contribuables volontaires de ce budget, le riche lui apportant son or et le pauvre son obole, que cela serait beau ! et que cela serait fécond ! Et puis, l'union de tous dans le sacrifice préparerait et amènerait l'union de tous dans l'action : ce serait l'annonce de la rénovation nationale !

Donc, unissons-nous pour fortifier et pour développer les œuvres chrétiennes. Elles ont fait des merveilles ; elles nous en réservent d'autres. (Très vive approbation.)

Il y a un troisième mode d'action que je ne saurais passer sous silence, l'action des catholiques dans les luttes électorales. Je demande pardon à Son Eminence d'en parler devant Elle ; les luttes électorales ont de nos jours une telle âpreté que c'est peut-être chose plus laïque qu'épiscopale. (Hilarité.) Je n'engage donc dans ce que je vais dire que ma propre responsabilité en ayant sans doute le très vif désir que la vôtre s'y associe, mais en respectant profondément la haute réserve gardée par Son Eminence, sur ce mode spécial de l'action des catholiques. (Rires et applaudissements.)

Néanmoins, Messieurs, nous ne pouvons pas nous dérober à ce côté de la question ;

car ce n'est que par des scrutins réparateurs que nous pourrons arriver à nous affranchir des lois qui nous oppriment.

Quel est donc le devoir des catholiques, en tant que catholiques, dans les luttes électorales ? La question se pose et elle est délicate ; mais le devoir me semble très clairement tracé.

Union de tous les catholiques entre eux, sans acception de partis politiques, sur le terrain de la revendication et de la défense des droits et des libertés de la France chrétienne, et par conséquent de l'abrogation ou de la revision profonde des lois qui ont sacrifié ou mutilé ces libertés ; — alliance avec tous les hommes loyaux et sincères qui, sans partager absolument toutes nos croyances, s'associeraient nettement et explicitement, par amour de la justice, à nos revendications ; — pas d'exclusion contre les candidats, quelles que soient leurs aspirations politiques, qui s'engageraient à demander les réparations qui sont dues à la France chrétienne et à les soutenir sans défaillance ; — mais, à aucun prix, pas de complaisances, — elles seraient coupables, — pour ceux qui, soit par passion, soit par faiblesse se montreraient hostiles à ces réparations ou ne prendraient pas l'engagement de les soutenir.

Voilà les quatre règles qui me semblent devoir présider à l'action des catholiques dans les luttes électorales et j'en ajouterai volontiers une cinquième : c'est que pendant la préparation de la lutte, nous pourrions, entre les différents candidats qui accepteraient le programme de nos revendications, avoir nos préférences et essayer de les faire prévaloir; mais le jour du scrutin, il ne devrait plus y avoir place que pour l'accord. (Vive adhésion.)

En vérité, Messieurs, est-ce que cette ligne de conduite ne s'impose pas? En présence des droits de la France chrétienne violés ou menacés, — et telle est bien la situation, — est-ce que voter pour ceux qui ne veulent pas remettre ces droits à leur place, ne serait pas une trahison? Est-ce que s'unir avec tous ceux qui s'engagent à soutenir ces droits, malgré les divergences qu'on peut avoir sur le reste, n'est pas, je vous le demande, une nécessité pour le succès? Est-ce que se diviser ne serait pas fatalement s'affaiblir ? Est-ce que s'abstenir ne serait pas déserter ?

Et dès lors, Messieurs, marcher tous à la lutte, y marcher pour Dieu et pour la patrie, au nom de la justice et de la liberté, contre les sectes qui veulent déchristianiser la France, et par une conséquence nécessaire, contre les candidats qui en sont les tenants ou qui en secondent les desseins, y marcher dans une concorde loyale et avec une fermeté active et courageuse, c'est, je le dis très hautement, le devoir des catholiques ; devoir de fidélité envers la religion, devoir d'honneur envers la patrie, devoir étroit et rigoureux de conscience envers soi-même. (Vifs applaudissements.)

Unissons-nous sur ce terrain ; et soyez-en sûrs, la force que nous aurons créée pour la défense des libertés religieuses, profitera au pays et à ses plus chers intérêts.

Enfin, Messieurs, pour que l'action des catholiques soit efficace, il faut des centres d'où elle rayonne. Il est donc désirable que, dans cet objet, des comités se forment partout, soit en profitant de ceux qui existent déjà, soit en en créant de nouveaux, là surtout où il n'en existe pas. Peut-être serait-il désirable aussi, qu'à Paris, sous le patronage et sous la bénédiction de Son Eminence, il se formât un comité que je pourrais appeler d'impulsion, et qui sans empiéter sur l'autonomie des comités de province, s'efforcerait de maintenir entre tous l'entente dans les vues comme dans l'action.

On a souvent reproché à l'action des catholiques d'être trop restée jusqu'ici à l'état d'aspiration et de sentiment ; peut-être le reproche a-t-il été un peu exagéré. Il me semble qu'en de certains jours, l'action catholique s'est affirmée autrement que par de stériles protestations ; et lorsque, par exemple, après les décrets du 29 mars 1880, on a vu plus de 300 magistrats du parquet briser leur carrière plutôt que de sacrifier la moindre parcelle de leur honneur chrétien, ces héros du devoir ne s'en tinrent pas à une protestation sentimentale ; ils mirent un magnanime sacrifice au bout de leur action. (Applaudissements.)

Quoi qu'il en soit, il importe de faire une union catholique qui ne soit pas seulement à l'état d'aspiration et qui soit établie sur d'assez larges et solides bases pour devenir une réalité vivante et agissante.

Cette union, le Souverain Pontife dans ses magnifiques Encycliques qui sont la loi de notre foi, la loi de notre action, la loi de notre cohésion, dans notre soumission filiale aux enseignements de la Chaire de Pierre, n'a pas cessé de nous la recommander.

S. Em. le Cardinal-Archevêque de Paris nous y convie avec toutes les effusions de son dévouement pour l'Eglise et pour la France. Elle est dans les vœux de tous les catholiques, elle est dans la tradition de notre Congrès, et, je ne sais si je me trompe, mais il me semble que ce soir, ici, toutes les âmes la respirent et y aspirent. (Bravos répétés.)

Donc, faisons-la ; faisons-la en respectant toutes les dignités, toutes les fidélités, toutes les convictions ; faisons-la en n'écartant aucune bonne volonté loyale ni aucun dévouement sincère ; mais faisons-la, car elle est nécessaire.

Ah ! Messieurs, si la religion n'était plus là pour élever les âmes, pacifier les cœurs, animer et bénir nos foyers, élever nos fils et nos filles, si le recrutement du sacerdoce était entravé, et si, par suite, la diffusion de la parole évangélique était diminuée, si la concorde sociale n'avait plus pour gage le devoir chrétien, avec la justice et la charité dont il est le principe et la source ; si Notre-Seigneur Jésus-Christ banni de notre société, emportait, en s'en séparant, toutes les vérités, toutes les vertus et toutes les œuvres qui viennent de lui ; je vous le demande avec angoisse, que deviendrait la France ? Là est le péril suprême : unissons-nous tous pour le conjurer. (Applaudissements prolongés).

II

Messieurs, parmi les libertés chrétiennes dont je vous parlais tout à l'heure, il y en a une qui, en ce moment, est à juste titre l'objet de toutes les préoccupations : c'est la liberté d'association.

On nous a annoncé une loi sur la liberté d'association. Je me souviens de deux projets qui furent présentés, en 1883 et en 1889, par deux cabinets successifs et je crains que celui qu'on nous annonce ne diffère peut-être des deux précédents que par une aggravation de rigueur, et qu'à vrai dire il ne soit surtout et avant tout un projet de loi contre la liberté des congrégations religieuses.

Ce que nous demandons, nous, catholiques, c'est une liberté d'association sincère, large, loyale. profitant à tous ; et ce contre quoi nous protestons, ce que nous n'accepterons jamais et à aucun prix, c'est l'exclusion des congrégations religieuses du bénéfice de la liberté commune. (Très bien! Très bien! Applaudissements.)

C'est à ces deux points de vue que je voudrais examiner la question. Je le ferai très rapidement ; le temps me manque, et ma fatigue me commande d'être bref.

Messieurs, l'homme étant un être social, le droit d'association n'est pas et ne peut pas être un de ces droits artificiels que la loi crée ou supprime à son gré ; c'est un droit naturel et primordial. La loi peut, sans doute, en régler l'exercice dans une certaine mesure et se prémunir contre ses abus ; mais, en réglant le droit, la loi est tenue de le garantir ; et si elle le supprimait, elle outrepasserait son pouvoir.

Je passe sur cette thèse de principe pour me placer sur un terrain plus expérimental, et je dis d'abord que la liberté d'association est nécessaire comme garantie des droits individuels.

Que les associations naissent de la similitude des croyances, ou de celle des idées, ou de celle des intérêts, on peut dire que, là où des associations libres existent et se déploient, les droits individuels, quelle que soit d'ailleurs l'imperfection des institutions générales, ne sont jamais, à vrai dire, désarmés ; mais là , au contraire, où les associations sont réduites à une vie précaire et subordonnée, les droits individuels, alors même que des institutions savamment équilibrées semblent les couvrir, demeurent souvent sans protection.

J'eus occasion, en 1883, de soutenir cette vérité d'expérience historique devant le Sénat, et je reproduis ici, en la résumant, ma démonstration d'alors qui n'a rien perdu me semble-t-il, de son actualité et de sa vérité.

Voyez notre ancienne société ! C'était, à vrai dire, un vaste réseau d'associations hiérarchisées, dont chacune avait ses droits propres et, comme on disait alors, ses privilèges distincts. — L'égalité manquait à cette organisation ; l'oppression pouvait la troubler quelquefois ; mais, à tous les étages sociaux, on trouvait l'association comme une tutelle et comme une sauvegarde. Nulle part l'individu ne se trouvait seul en face de l'Etat omnipotent ; presque partout, il faisait partie d'une association qui le protégeait contre les empiétements du pouvoir central.

Aussi notre vieille société ne connût-elle jamais la tyrannie proprement dite ; j'entends par là une autocratie tyrannique se proclamant le droit exclusif et confisquant ou absorbant tous les droits individuels ou collectifs.

Au temps où le pouvoir était le plus absolu, Louis XIV avait pu dire : « L'Etat, c'est moi. » Et certes, la parole était orgueilleuse. Il n'aurait jamais dit : « Le droit, c'est moi. » C'était un prince chrétien, et il était noblement incapable de cette infatuation arrogante qui aurait été un outrage à la majesté de Dieu et à la dignité de l'homme. (Très bien ! Très bien !)

Mais comment la tyrannie ne put-elle jamais se montrer dans notre vieille France ? Cela tint sans doute à ce que le droit évangélique, s'il était souvent violé par la passion, était accepté par la conscience universelle et qu'il avait pour double effet de tempérer l'autorité en ennoblissant l'obéissance.

Cela tint aussi à ce que du haut en bas de l'échelle sociale, il y avait des collectivités superposées, des communautés comme on les appelait alors, des associations comme nous les appellerions aujourd'hui, qui couvraient l'individu de leur force et le protégeaient de leurs droits. (Marques d'adhésion.)

Aujourd'hui, Messieurs, où en est le droit d'association ? Il peut se former, en France, sous la garantie de la loi, des sociétés de gain, et même, depuis peu d'années, des syndicats professionnels. Quant à toutes les autres associations, elles ne peuvent naître et vivre qu'avec l'autorisation ou la tolérance de l'État et elles sont constamment à la merci de l'arbitraire administratif. Le droit d'association n'existe pas.

Où sont d'ailleurs ces coutumes traditionnelles qui s'imposaient à la loi elle-même et qui limitaient sa toute-puissance par le respect des droits acquis ? Où sont les collectivités offrant un asile aux libertés méconnues ? Où sont les associations suppléant à la faiblesse de l'individu par leur force propre ? Rien de tout cela n'existe plus.

L'Etat en haut ; la poussière socia'e en bas ; et entre les deux, pas d'intermédiaire. Voilà la situation ; et il y a là une grande lacune pour la sauvegarde efficace des droits individuels. (Très bien ! très bien !)

C'est l'un des motifs qui nous fait demander la liberté d'association. Pour mon compte, je vais plus loin : je ne demande pas seulement que les associations soi nt libres, je demande, — peut-être me trouvera-t-on un peu radical, mais qu'on me le pardonne, une fois n'est pas coutume (Rires), — je demande que la loi confère à ces associations l'attribution de la personnalité civile.

En principe, j'estime qu'elle ne peut pas leur être refusée. Quand une association se forme, ce ne sont pas seulement des personnes qui se réunissent, ce sont aussi des droits qui s'associent. Donc l'association re présente l'ensemble de tous les droits appartenant aux associés. En sorte qu'à condition d'être tenues des mêmes charges ou de charges équivalentes, les associations doivent pouvoir exercer les mêmes droits que les associés pris individuellement. D'où il résulte que si la loi reconnaissait la personnalité civile des associations, elle ne leur octroierait pas un droit qui ne leur appartient pas ; elle leur rendrait tout simplement un droit qu'elles ont par elles-mêmes. (Applaudissements.) Je me rappelle avoir entendu l'honorable M. Jules Simon développer un jour cette théorie devant le Sénat avec autant d'éclat que de force.

En fait, les objections contre la personnalité civile se réduisent à des déclamations surannées contre les biens de main morte. On affecte de craindre pour le patrimoine des familles. Mon Dieu ! le patrimoine des familles, personne ne le respecte plus que moi, mais il se défend parfaitement tout seul ; l'esprit de famille, qui est très vivace dans notre pays, le protégerait au besoin, soyez-en sûrs, contre des captations qui, du reste, ne se produisent pas.

On paraît craindre encore pour les revenus du fisc. Ah ! en ce moment, cette objection aurait vraiment le caractère d'une amère dérision ! Ce ne sont pas les biens de mains morte qui menacent les revenus du fisc ; c'est le fisc qui, par des procédés d'une iniquité révoltante, menace les biens de mainmorte d'une odieuse spoliation. (Très bien ! Très bien ! et vifs applaudissements.)

La vérité est que la liberté, pour produire tous ses effets, devrait être complétée par l'attribution légale aux associations de la personnalité civile ; car si la liberté suffit aux associations pour naître, la personnalité civile, avec un droit de possession garanti, peut seule leur assurer une vie stable et durable.

Je viens de vous montrer que toutes les libertés se lient à la liberté d'association comme le droit lui-même se lie à son mode d'exercice et à sa garantie ; je voudrais particulièrement insister sur les liens de très étroite solidarité par lesque's elle se rattache à une liberté qui nous est chère entre toutes parce qu'elle touche à un des droits les plus sacrés de nos âmes ; j'entends parler de la liberté de l'enseignement.

Messieurs, la doctrine de l'Etat enseignant est une doctrine toute nouvelle. Jusqu'à la fin du dernier siècle, l'Etat avait sans doute protégé l'enseignement ; il avait autorisé ses fondations, favorisé son développement ; quelquefois même, à titre exceptionnel, il avait pu suppléer à l'insuffisance de ses ressources ; mais il n'avait jamais prétendu exercer par lui-même une fonction éducatrice.

Cette fonction n'était pas disputée à l'Eglise, et l'on vit se créer, sous son influence pour l'enseignement populaire, des écoles paroissiales qui, quoi qu'on dise, étaient très nombreuses. pour l'enseignement des humanités. des collèges qui comptaient bien plus d'élèves que n'en ont aujourd'hui les ly-

cées de l'Etat, et où on admettait gratuite-
ment, avec une largesse très généreuse, des
enfants appartenant à des familles qui se
trouvaient dans une très humble situation.

Enfin, il y avait plusieurs universités ré-
pandues sur toute la surface du pays, et qui
mettaient partout la haute éducation intel-
lectuelle à la portée de l'élite de la jeunesse.

L'œuvre était immense ; je puis bien dire
qu'elle fut glorieuse, puisque l'esprit français
avec son rayonnement, et la civilisation française avec ses splendeurs, en sont sortis.
Mais quels étaient ses moyens d'action ?

Quand l'Etat a voulu créer un enseignement dont il fût le maître, il a eu recours à
deux forces, le monopole et les contributions
forcées. Je sais bien qu'il n'a pas pu garder
absolument le monopole primitif. Les lois de
1833, de 1850 et de 1875 firent la part de la
liberté, et nous en gardons encore quelques
restes. Mais, si le monopole a diminué, l'Etat,
en revanche, a, depuis quelques années, usé
et abusé à outrance des contributions forcées ;
le budget de l'instruction publique a été
transformé en un budget de guerre contre
l'enseignement chrétien ; et si vous comparez
le budget de 1891 au budget de 1878, vous
pourrez constater aisément que les frais de
cette guerre ne s'élèvent pas à moins de 120
à 140 millions par an. (Très bien ! Très
bien !)

L'Eglise, elle aussi, avait eu à sa disposition deux forces. mais deux forces d'un tout autre ordre et d'un ordre plus haut ; c'étaient l'émulation des associations libres et la puissance des sacrifices volontaires. C'est par les associations libres que l'enseignement chrétien avait été créé dans notre pays, et c'est par les sacrifices volontaires que les associations avaient pu s'étendre et se développer à proportion des besoins.

Je dis, Messieurs, que ces associations étaient libres, non pas que j'ignore qu'elles devaient, en se constituant, demander une charte de fondation initiale ; mais cette charte elles l'obtenaient, et lorsqu'elle leur avait été accordée, les associations avaient leurs droits propres et leur liberté d'action que l'État était tenu de respecter. Il n'intervenait ni dans leur enseignement pour le contrôler, ni dans leur droit de propriété pour le troubler.

Saluons ces deux forces, Messieurs. C'est grâce à ce qui nous en reste que, de nos jours, sous nos yeux, à la suite des lois libérales de 1850 et de 1875, l'enseignement libre chrétien a pu faire de si grandes choses. La persécution est venue, elle a fait à cet enseignement une tâche tourmentée, elle n'a pu ralentir ses progrès. Voyez nos écoles primaires libres, nos écoles secondaires libres, nos Universités libres. Toutes meurtries qu'elles sont par les coups qui, depuis 12 ans, les ont frappées, elles sont toujours debout ! La force de l'association, si pré-

caire qu'elle soit aujourd'hui et malgré tout
ce qu'on a fait pour la démanteler, les a soutenues; le sacrifice volontaire les a aidées;
la confiance des familles leur est restée fidèle.
Elles ont le quart des élèves, qui, en France,
reçoivent l'enseignement primaire, la moitié
de ceux qui reçoivent l'enseignement secon-
daire, et, si, pour l'enseignement supérieur,
les facultés catholiques n'ont pu encore conquérir le nombre, elles sont, sous tous les
autres rapports, à la hauteur de leur tâche ;
et leurs élèves, par les succès qu'ils obtien-
nent pour les grades universitaires, témoi-
gnent hautement de la supériorité de leurs
maîtres et du niveau élevé de leurs études.
(Applaudissements.)

Toutefois, en même temps que les écoles
libres de tout ordre, qui s'appuient sur l'association et sur le concours des sacrifices volontaires, résistent à la tempête et gran-
dissent dans l'épreuve, nous avons le regret
de constater que les établissements libres qui
ne sont que des entreprises individuelles
diminuent d'année en année; et que, sauf
quelques rares et brillantes exceptions, ceux
qui restent, perdent de leur importance et
semblent destinés à succomber.

Que résulte-t-il de tout cela, Messieurs ?
C'est que la liberté de l'enseignement n'aura
qu'une situation tourmentée, tant que les
associations enseignantes seront à la merci
d'un arbitraire dont elles ont appris à leurs

dépens à connaître les rigueurs, et qu'elle ne sera fortement et solidement assise que si une loi loyale et équitable vient garantir sûrement la liberté d'associations.

Mais, si la loi dont on nous menace, loin d'affranchir les associations enseignantes actuelles, les plaçait dans une situation intenable, l'enseignement libre chrétien en recevrait un contrecoup fatal. Ce serait là un véritable attentat contre l'âme de la patrie. (Vifs applaudissements.)

Messieurs, il y a des jeunes gens, dans cette enceinte. Le Cercle du Luxembourg et d'autres réunions analogues sont venus à nous; et nous avons avec bonheur élargi le programme de notre congrès afin de faire une large part à leurs œuvres de jeunesse. Chaque soir, ces jeunes gens nous parleront de leurs œuvres avec le charme qu'ont toujours les premières éclosions du talent, et je leur promets d'avance vos plus sympathiques applaudissements. (Vifs applaudissements.)

Je leur envoie en votre nom à tous, du fond de mon vieux cœur, un salut de bienvenue, et, en même temps, je les appelle en témoignage. Ne sont-ils pas les fils de cet enseignement chrétien, qui, en secondant la marche ascendante des âmes vers le bien et vers le beau, par une marche parallèle des intelligences vers le vrai, les fait monter ensemble vers ces sommets lumineux où la raison se déploie dans l'élévation des grandes pensées, où le cœur se dilate et s'élargit dans la générosité des grands sentiments ? (Très bien ! très bien ! et vifs applaudissements.)

Ah ! que c'est beau, Messieurs, une jeunesse croyante et vaillante ! comme, au contact de ses chauds enthousiasmes, de ses ardeurs confiantes, de sa candeur, de son courage et de sa flamme, on se sent porté à l'espérance ! comme on se dit qu'il se prépare là une moisson d'honneur pour la religion et pour la patrie ! (Nouveaux applaudissements.)

Et, en même temps, quelle tristesse de penser qu'un enseignement antichrétien pourrait nous préparer une autre jeunesse, une jeunesse sans tendresse, sans élan, sans désintéressement, rongée par tous les égoïsmes, infatuée de son savoir sophistique, retenue dans des régions inférieures par une éducation faussée, ne sachant pas s'élever aux grands horizons que cette éducation lui aurait dérobés, plongée peut-être dans des obscurcissements où le sens moral lui-même s'oblitérerait et se perdrait après tout le reste ! Ah ! cette jeunesse, je la plaindrais, mais je ne l'accuserais pas. (Approbation.) Elle serait la démonstration — mais aussi la victime — des ravages que fait, dans les jeunes intelligences un enseignement que la religion ne vivifie pas.

Vous, mes amis, que nous sommes si heureux, ce soir, de voir dans cette enceinte, je vous salue. Vous n'êtes pas seulement la fierté et le meilleur espoir de la patrie, vous êtes aussi la glorification de l'enseignement chrétien, et vous serez un jour, j'en suis sûr, ses champions et ses soldats! (Bravos et applaudissements répétés.)

Messieurs, j'aurais voulu, pour compléter ma thèse, vous montrer que la liberté d'association est encore le moteur et le complément de la liberté du travail ; mais cela m'entraînerait à des développements qui me feraient abuser de votre attention, et je résume la discussion à laquelle je me suis livré et celle que je vous épargne dans cette triple conclusion:

Sans liberté d'associations, pas de droit individuel garanti ; pas de liberté d'enseignement efficace, pas de liberté du travail véritablement assurée.

Je voudrais pouvoir m'arrêter là, mais les sectaires de notre temps ne me le permettent pas ; je les entends s'écrier : « La liberté d'association? Oui, mais à condition que nous tiendrons les congrégations religieuses dans un état de servitude qui, au besoin, se prêtera à la proscription.

Ainsi donc, on accorderait la liberté à toutes les autres associations ; et, je le disais un jour au Sénat, parce que des religieux vivent sous le même toit pour prier ensemble, pour travailler ensemble, pour se dévouer ensemble aux trois grandes faiblesses de l'humanité, à l'ignorance, pour l'éclairer, à l'enfance, pour l'élever, à la pauvreté, pour la soulager ; parce que des religieuses — car on vise aussi les religieuses — se servent de leurs saintes associations pour mettre toutes les formes de la charité à côté de toutes les formes du malheur, on viendrait leur dire : « Vous êtes hors du droit commun ; vous êtes les maudits de la société moderne ; si nous ne vous empêchons pas de naître, nous vous réduirons à l'impossibilité de vivre, et nous vous tiendrons dans un danger perpétuel de mort ! »

Est-ce que c'est la liberté pour tous, cela ? Est-ce que c'est la justice pour tous, cela ? Est-ce que cela n'est pas abominablement inique et oppressif ? (Vifs applaudissements.)

Et comment essaie-t-on de justifier une telle exclusion ?

On dit que les religieux forment des vœux qui les mettent à part des autres hommes.

Oui, cela est vrai, les Religieux sortent des voies ordinaires, pour se dévouer à Dieu et aux hommes, dans une perfection plus haute par un amour plus grand. Mais, est-ce que la loi a à en connaître ? Est-ce qu'elle peut proscrire ces vœux indirectement, en retirant à ceux qui les ont formés une partie de leurs droits de citoyens français ? Est-ce que la chasteté volontaire, l'obéissance volontaire, la pauvreté volontaire, sont des motifs d'indignité? Est-ce que la loi, qui est faite pour réprimer les écarts malfaisants de la passion, peut s'attaquer aux sublimes héroïsmes de la vertu? Messieurs, ce serait le renversement de la justice et la profanation de la loi; cela s'appellerait d'un nom odieux et répudié, ce serait de la tyrannie! (Vive approbation.)

On s'en prend particulièrement au vœu d'obéissance, et on dit : « Le vœu d'obéissance dépouille l'homme de sa personnalité; il déprime et il diminue l'homme dans le religieux. » Je n'invente rien, Messieurs; ces choses se sont soutenues au Sénat, en 1883. Je me suis trouvé aux prises avec ces déclamations, et j'ai dû y répondre. Quand viendra le projet de loi nouveau, nous les retrouverons encore; il faut donc les arrêter au passage et en montrer l'inanité.

Est-ce qu'il y a quelque chose de sérieux au fond de tout cela? Est-ce que le P. Lacordaire, le P. Ravignan et votre illustre prédécesseur, Eminence, le vénéré et bien-aimé cardinal Guibert, pour ne parler que de ces trois grands morts, étaient, par hasard, des hommes dépouillés de leur personnalité? (Rires.) Est-ce que l'intelligence se déprime parce qu'elle se meut sous une règle austère qui condense sa force en la prémunissant contre ses défaillances et contre ses entraînements? (Très bien! et applaudissements.)

Est-ce que la volonté abdique parce qu'elle s'élève au-dessus des égoïsmes subalternes de l'esprit propre, et qu'elle s'inspire d'un esprit plus haut, plus sûr, plus désintéressé de l'esprit d'obéissance au devoir, dans sa conception la plus noble et la plus élevée? (Nouveaux applaudissements.)

Eh bien, oui, Messieurs, il y a des situations qui réclament un plus grand sacrifice de la volonté propre, parce qu'elles exigent un détachement plus absolu, et que l'héroïsme y est souvent nécessaire. Rappelez-vous un beau passage d'un écrit du Père de Ravignan. Je ne me souviens pas du texte; mais je fus trop frappé de la pensée pour ne l'avoir pas retenue : « Soldats, voilà un poste à défendre, tenez ferme, et mourez tous plutôt que de l'abandonner. Le soldat obéit et meurt. Voilà l'obéissance militaire. — Religieux, il y a là-bas, au bout du monde, des âmes ignorées à conquérir au christianisme. Allez, la croix de Jésus-Christ à la main et son amour dans le cœur, à cet apostolat où peut-être le martyre vous attend. Le religieux s'exile, obéit et meurt. Voilà l'obéissance du religieux. » (Vive émotion. Applaudissements.)

Et nous. Messieurs, inclinons-nous avec respect, et saluons ces fières obéissances ! Nous sommes aux sommets de la vertu, du sacrifice et de l'honneur. (Nouveaux applaudissements.)

On s'attaque encore à la doctrine religieuse

des congrégations. Je ne répondrai qu'un mot : cette doctrine, c'est la docirine de l'Eglise catholique ! elles n'en ont pas et ne peuvent pas en avoir d'autre ! (Approbation.) Cette doctrine, nous la confessons et nous la glorifions, nous n'avons pas à la défendre ! Les défiances sectaires ne sauraient l'attein!re et il n'y a pas de droit contre son droit ! (Vive adhésion.)

Enfin, on reproche aux religieux l'importance de leurs biens. On l'exagère à plaisir et on en dénature le caractère. Examinons ce grief.

Oui, les religieux ont des noviciats, des orphelinats, des maisons de refuge, des écoles, des collèges, ils ont même des chapelles, quand on ne les ferme pas. (Rires.) Seulement, soit qu'ils possèdent ces immeubles en propriété, soit qu'ils les aient en location, ils ne s'en servent que pour leurs œuvres; et, pour entretenir ces œuvres elles-mêmes, ils ont les ressources qui leur viennent de leur travail et de leurs sacrifices personnels, et, quelquefois aussi, du concours des générosités volontaires.

Mais attendez, je n'ai pas tout dit ! Ils ont encore un secret que je puis révéler sans crainte qu'il leur soit dérobé. Ces religieux qui font de si grandes choses, savez-vous de quoi ils se contentent pour eux-mêmes ? Ils travaillent sans appointements (Rires) ; ils ont pour logement, une cellule; pour mobilier, un lit, ure chaise et une table surmontée de l'image du Christ ; ils vivent à moins de un franc par jour ; ils n'ont d'autre vêtement que le modeste habit qui est le signe de leur abnégation ; en sorte que, admirez ceci, la richesse de leurs œuvres, si richesse il y a, est faite de leur pauvreté volontaire.

Qu'on incrimine, après cela, si on veut, l'importance de leurs biens ! Moi, j'admire la merveilleuse fécondité de ces vertus qui, venant de plus haut que l'homme, sont le privilège de ces âmes d'élite qui suivent Notre-Seigneur Jésus-Christ dans la voie royale des conseils évangéliques. (Bravos et applaudissements.)

Donc, de toutes les objections qui ont été faites contre la liberté des congrégations religieuses, aucune ne tient, et j'ai le droit de conclure, que, s'attaquer à cette liberté, c'est la plus flagrante de toutes les injustices.

Mais j'ajoute et je termine par là, que toucher à cette liberté, c'est atteindre la liberté de l'Eglise elle-même.

Quelle est, en effet, la tâche qui incombe aux congrégations religieuses ?

Le service désintéressé des pauvres et des souffrants, le service de l'éducation chrétienne, l'apostolat de la prédication, l'apostolat des missions lointaines ; voilà leurs principales œuvres !

Plusieurs d'entre elles se livrent à l'étude approfondie de toutes les questions théologiques, philosophiques, scientifiques, historiques, qui touchent, d'une part, à Dieu comme à l'auteur de toute lumière, de l'autre, à l'homme, à sa nature, à son rôle dans la création, à son immortelle destinée; et elles travaillent à l'accord sur toutes ces questions de la raison et de la révélation, de la science et de la foi.

Toutes enfin représentent la solidarité des prières et des sacrifices, cette magnifique et consolante solidarité en vertu de laquelle des âmes privilégiées prient pour celles qui ne prient pas, s'immolent pour celles qui n'expient pas, acquièrent des mérites pour celles qui n'en recherchent pas.

« Tout cela, s'écriait, un jour, le P. Lacordaire, est né de la croix du fils de Dieu, et tout cela, qu'on le voie ou non, sauve le monde! » Et j'ajoute que, par cela même, tout cela est la couronne de l'Eglise, le complément de sa vie, la condensation de sa force, la dilatation de sa charité, et que, toucher à tout cela, c'est toucher à la liberté de l'Eglise elle-même.

Donc, si les menaces que je redoute se réalisent, si une nouvelle tempête se déchaîne contre les congrégations religieuses, Mesdames et Messieurs, au nom de l'Eglise qu'elles servent, au nom du droit qui les couvre, au nom de la justice qui serait outragée par la violation de leur liberté, et aussi au nom des enfants qu'elles instruisent, au nom des foules qu'elles évangélisent, au nom des pauvres et des abandonnés dont elles sont la providence, enfin, au nom de la patrie dont elles sont l'une des grandeurs, il faut que la France chrétienne proteste ; il faut qu'elle fasse entendre un de ces cris qui déconcertent l'iniquité et qui arrêtent la proscription. (Applaudissements.)

Je n'ajoute plus qu'un mot : Messieurs, pas de découragement ! La cause que nous servons a été souvent opprimée, elle ne fut jamais vaincue. Aujourd'hui, les passions se déchaînent contre elle, mais les consciences lui restent, et rien ne sera fait tant qu'on n'aura pas forcé ce dernier retranchement.

Pendant les épreuves de ces dernières années, nous avons eu trop souvent la douleur de n'être, au service de cette cause, que des instruments bien faibles et quelquefois bien impuissants. Que cette pensée nous rende modestes, mais qu'elle n'affaiblisse pas notre courage ! On reste toujours fort, Messieurs, même dans une défaite qui passe, quand on combat, en sentant à sa droite la sainte Église catholique, à sa gauche la France chrétienne, et en ayant la croix pour drapeau. (Vive approbation.)

Les violences s'épuisent, les passions se dévorent, les idées se succèdent et se remplacent, les systèmes créés par les emportements de la veille s'évanouissent devant les résistances du lendemain ; seule, la croix

reste ! Restons avec elle ! C'est le drapeau de
la foi et de l'honneur chrétien ; ce sera aussi,
soyez-en sûrs, le drapeau de la dernièr e vic-
toire. (Acclamations et bravos répétés. —
Triple salve d'applaudissements.)

22269. — PARIS. IMP. F. LEVÉ, RUE CASSETTE, 17.

PARIS. — F. LEVÉ, IMP. DE L'ARCHEVÊCHÉ, RUE CASSETTE, 17.

www.ingramcontent.com/pod-product-compliance
Lightning Source LLC
Chambersburg PA
CBHW061120050726
47594CB00005B/2022